大展好書　好書大展
品嘗好書　冠群可期

大展好書　好書大展
品嘗好書　冠群可期

老拳譜新編21

六合潭腿圖說

朱國福　呂光華　編著

大展出版社有限公司

策劃人語

本叢書重新編排的目的，旨在供各界武術愛好者鑒賞、研習和參考，以達弘揚國術，保存國粹，俾後學者不失真傳而已。

原書大多為中華民國時期的刊本，作者皆為各武術學派的嫡系傳人。他們遵從前人苦心孤詣遺留之術，恐久而湮沒，故集數十年習武之心得，公之於世。叢書內容豐富，樹義精當，文字淺顯，解釋詳明，並且附有動作圖片，實乃學習者空前之佳本。

原書有一些塗抹之處，並不完全正確，恐為收藏者之筆墨。因為著墨甚深，不易恢復原狀，並且尚有部分參考價值，故暫存其舊。另有個別字，疑為錯誤，因存其真，未敢遽改。我們只對有些顯著的錯誤之處做了一些修改的工作；對缺少目錄和編排不當的部分原版本，我們根據內容進行了加工、調整，使其更具合理性和可讀性。有個別原始版本，由於出版時間較早，保存時間長，存在殘頁和短頁的現象，雖經多方努力，仍沒有辦法補全，所幸者，就全書的整體而言，其收藏、參考、學習價值並沒有受到太大的影響。希望有收藏完整者鼎力補全，以裨益當世和後學，使我中華優秀傳統文化傳承不息。

為了更加方便廣大武術愛好者對老拳譜叢書的研究和閱讀，我們對叢書做了一些改進，並根據現代人的閱讀習慣，嘗試著做了斷句，以便於對照閱讀。

由於我們水平有限，失誤和疏漏之處在所難免，敬請讀者予以諒解。

中央國術館編

六合潭腿圖說

馬公愚題

上海大東書局印行

著者朱國福先生

著者呂光華先生

張序

我國國術門派之夥儷同牛毛，往往窮畢生精力，猶難盡其一二，斯則治技者之所苦，而研究者之所病焉。且武家通習師弟口授，文獻之足徵者，間有圖譜輾轉傳抄，脫偽滋多，非亥豕魯魚難以卒讀，即俚俗晦澀，不知所云；能略通此中精妙者，幾若鳳毛麟角，百不得一。

余主中央國術館於茲兩易寒暑矣，每以為欲使前述之所苦所病，得一解決之途徑，惟以用歸納的方法，從改革與創造著手，方為根本之圖。否則提倡雖力，其奈收效之終鮮何。雖然改革與創造，豈一朝一夕之所易言哉？蓋創造之先，必經實驗；實驗之先，必經整理，故整理國術，實為改革創造之初步。

余嘗以斯意示諸同人，囑其多從整理下工夫，整理愈多，則研究之資料愈富。至其本身價值如何，編者僅管存而勿論，一聽後來之實驗定其去取可耳。朱同志國福、呂同志光華編《六合潭腿》，成敢以一得之見弁諸簡首。

中華民國十九年十月二十日鹽山

張之江

例　言

一、潭腿十二蹚，每蹚每式分術名、口令、動作、用法四項。其分段者，便於團體教練時之呼唱口令而已。

二、關於動作一項，分為身步手眼，順次說明，俾閱者一目了然。

三、本書各式方向，以身之前後左右為標準，惟悉以面向之處為前。

四、潭腿之潭不一，除本書及精武會所編之潭腿作潭外，武術會所編教門潭腿作彈，又有作蹚者。究應何從，尚待研究，並存之，以俟正者。

五、本書係教務處長朱國福與余同編，但掛一漏萬，仍恐難免，名家不吝指教，俾再版時，得以改正，無任感激。

呂光華　識

六合彈腿目次

第四十九段……………………………………二五一

一百八十七　雙撞拳

一百八十八　雙栽拳

六合潭腿

潭腿之分派與古歌

世傳潭腿，余所見者有三：一教門，二迷蹤，三六合。教門自楊鴻修傳於武術會。迷蹤自霍元甲傳於精武會，始編為書。六合出德平劉震南先生所傳，擅之者有朱國福、唐范生、周啟明、劉守銘諸人，皆親炙於劉之門。

三派潭腿，皆難考其所自。六合有古歌相傳，辭雖隱晦，然可窺其用法之一斑。

歌　云

頭蹚繩掛一條鞭，用時撩陰踼崩腿。
二蹚十字繞三尖，打十字拳踹跺子腳。
三蹚劈扎倒掖犁，專用撐滑陰蹚腿。
四蹚撐滑人難當，內藏白鶴亮翅平地翻。
五蹚五花炮拳跟著走，硬打硬上不容情。
六蹚接攔帶點腿，捎帶刮耳攔腰拳。
七蹚晃拳帶晃腿，見空即打莫留情。
八蹚硬打硬闖不放鬆，單手推碑在裡邊。
九蹚連環陰蹚腿，手封四門速即進。
十蹚見潭不見潭，內用蓋馬三拳見空打。

十一蹚鈎掛連環掃蕩腿，外帶金絞翦不虛傳。
十二蹚犀牛望月轉回還，用時鈎摞碰打帶兩拳。

預備姿勢

立正，兩足跟宜在一線上靠攏並齊，兩足尖向外離開，約六十度。

兩腿自然伸直，上體體重平落於腰上。

脊背伸直，微向前傾。

兩肩宜平，稍向後張。兩臂自然下垂。兩手掌貼於股際，五指併攏而微屈，不必用力。

頭宜正，頸宜直。

口宜閉，由鼻呼吸。

兩眼向前平視。

第一式（甲）

第一式（乙）

第一式

【術名】戳哽。

【口令】一。

【動作】

身 由立正姿勢，身體向左轉。

步 右足原地稍向左摩，腿伸直，站在後直線上，稍向右斜；左足向前上步，腿彎曲，站在前直線上，成左弓箭步。

手 左掌同時向前平直托出，手心向上，大指屈；右掌貼右肋，手心向上，大指屈，肘向後張。

眼 注視前方。

【用法】

手 右掌護己之肋。左掌有插敵喉之勢。

第二式

第二式

【術名】 勾摟手。

【口令】 二。

【動作】

身 稍向左轉。

步 右腿同時原地向下彎；左足後收半步，足尖點地，仍站在前直線上。右實左虛。

手 右掌由肋向前平直伸出，隨變鉤手，順左翻轉一周，復變掌斜向上伸，高過頭，手心向前，肘屈，成半圓形；左掌變鉤，極力向後勾，手伸直，稍向下斜，手心朝上。

眼 向左方注視。

【用法】

手 右手勾開敵手。隨用左掌擊其面。

第三式

【術名】抱拳。

【口令】三。

【動作】

身 向右轉。

步 左足隨身向前上半步，腿直；右足同左足在橫直線中間靠攏

第四式

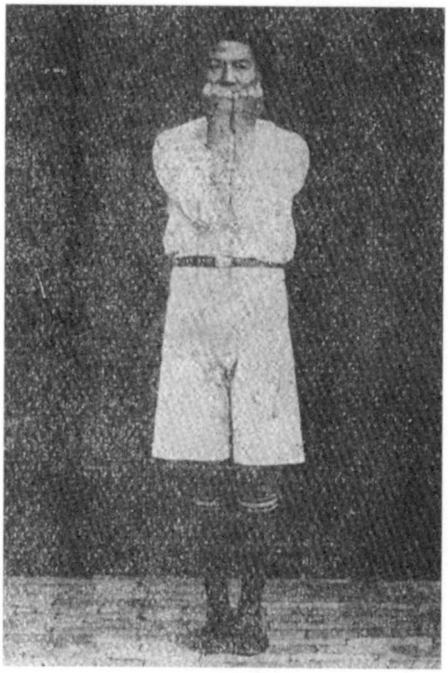

第三式

並齊。

手　兩手同時變拳向面前上抄，隨向左右分開，轉至胸前，兩肘靠攏，兩拳相併，虎口朝外，手心朝內，拳高與鼻平。

眼　向前平視。

【用法】

手　敵人迎面擊來。我用架手折肘之法，作攻勢防禦。

第四式

【術名】騎馬雙拳。

【口令】四。

【動作】

身 上身直立。

步 左足向左離開一步，腿向下彎，站在左橫線上；右腿亦原地彎下，成騎馬式，足尖朝前。

手 兩拳向左右平擊，兩肘微屈，虎口朝上，手心向前，如單鞭勢。

眼 注視前方。

【用法】

手 敵人左右來襲。我揮拳左右迎擊之。

第一蹚　繩掛一條鞭（用時撩陰踢崩腿）

第一段

第五式

【術名】拐肘。

【口令】一。

第五式

【動作】

身 不動。

步 亦不動。

手 左拳平向懷掛，近胸，虎口朝身，手心向下，肘平屈向左；右拳仍為原式。

眼 注視左方。

【用法】

手　敵由我左方擊來。我用左拳將敵手掛開，隨以肘頂敵之肋。

第六式

【術名】十字拳。

【口令】二。

【動作】

身　向左轉。

步　兩足原地隨身向左摩。右腿伸直，站在後直線上，稍向右斜；左腿彎曲，站在前直線上，成左弓箭步。

手　左拳同時向後平擊；右拳向前平擊，成十字形，虎口朝上，手心向左。

眼　視右拳。

第六式

第七式

【用法】

手　敵用右拳向我擊來。我用左拳將其拳勾開，隨用右拳還擊之。

第七式

【術名】崩腿。

【口令】三。

【動作】

身　不動。

步　右足向前平直踢出，腳背用力；左足原地不動。

手　右拳同時向右肋拐肘，

虎口向右，手心向上；左拳不動。

眼　注視前方。

【用法】

手　敵用左手向我擊來。我將右肘拐開其手。

足　隨用右足向其陰部踢之。

第八式

【術名】順拳。

【口令】四。

【動作】

身　不動。

足　左腿原地伸直；右足落地，腿屈，站在前直線上，成右弓箭步。

第八式

第九式

手 右拳同時由懷向前平直打出，虎口向左，手心向下；左拳不動。

眼 視右拳。

【用法】

手 此拳上式踢敵之後，隨用右拳突進擊敵之肋。

第二段

第九式

【術名】 拐肘。

【口令】 一。

【動作】

身　直立。

步　兩足原地向左摩，成騎馬式。

手　右拳平向懷掛，近身，虎口向內，手心向下，肘屈平向右；左拳仍為原式。

眼　向右方注視。

【用法】

手　敵用左手迎面擊來。我將右拳掛開其手，隨以肘頂敵之肋。

第十式

【術名】十字拳。

【口令】二。

【動作】

第十式

身 向右轉。

步 兩足原地隨身向右摩。左腿伸直，站在後直線上，稍向左斜；右腿彎曲，站在前直線上，成右弓箭步。

手 右拳同時向後平擊。左拳向前平擊，成十字形，虎口朝上，手心向右。

眼 視左拳。

【用法】

手 敵用左拳向我擊來。我用右拳將其拳勾開，隨用左拳還擊之。

第十一式

【術名】崩腿。

【口令】三。

【動作】

身 不動。

步 左足向前平直踢出，腳背用力；右足原地不動。

手 左拳同時向左肋拐肘，虎口向左，手心向上；右拳不動。

眼 注視前方。

【用法】

手 敵用右手向我擊來。我將左肘拐開其手。

足 隨用左足向其陰部踢之。

第十一式

第十二式

第十二式

【術名】順拳。

【口令】四。

【動作】

身 不動。

步 右腿原地伸直；左足落地，腿屈，站在前直線上，成左弓箭步。

手 左拳同時由懷向前平直打出，虎口向右，手心向下；右拳不動。

眼 視左拳。

【用法】

手　此拳承上式踢敵之後，隨用左拳突進擊敵之肋。

第三段

第十三式

【術名】拐肘。

【口令】一。

【動作】

身　稍向右轉。

步　兩足原地隨摩，成騎馬式。

手　左拳平向懷掛，近胸，虎口朝身，手心向下，肘平屈向左；右拳不動。

第十三式

第十四式

眼　注視左方。

【用法】

手　敵由我左方擊來。我用左拳將敵手掛開，隨以肘頂敵之肋。

第十四式

【術名】十字拳。

【口令】二。

【動作】

身　向左轉。

步　兩足原地隨身向左摩。右腿伸直，站在後直線上，稍向右斜；左腿彎曲，站在前直線上，成左弓箭步。

手 左拳同時向後平擊；右拳向前平擊，成十字形，虎口朝上，手心向左。

眼 視右拳。

【用法】

手 敵用右拳向我擊來。我用左拳將其拳勾開，隨用右拳還擊之。

第十五式

【術名】崩腿。

【口令】三。

【動作】

身 不動。

步 右足向前平直踢出，腳背用力；左足原地不動。

第十五式

第十六式

手 右拳同時向右肋拐肘，虎口向右，手心向上；左拳不動。

眼 注視前方。

【用法】

手 敵用左手向我擊來。我將右肘拐開其手。

足 隨用右足向其陰部踢之。

第十六式

【術名】順拳。

【口令】四。

【動作】

身 不動。

足 左腿原地伸直；右足落地，腿屈，站在前直線上，成右弓箭步。

手 右拳同時由懷向前平直打出，虎口向左，手心向下；左拳不動。

眼 視右拳。

【用法】

手 此拳承上踢敵之後，隨用右拳突進擊敵之肋。

第四段

第十七式

【術名】金絲手一。

【口令】一。

第十七式

【動作】

身 不動。

步 不動。

手 右拳向懷稍屈；左手覆掌，向右手頸拍住，肘微屈。

眼 向前視。

【用法】

手　敵用右手擒我右手頸。我則用左手將敵手扣住。

第十八式

【術名】金絲手二。

【口令】二。

【動作】

身　稍向左轉。

步　右足不動；左足向右足後偷步，足尖向左前線，兩腿下彎，成坐盤式。

手　右拳擰轉，仰收貼肋；左手仍握右手頸。

眼　注視右前方。

【用法】

第十八式

第十九式

手　此承上式。將手扭轉向懷一帶，以期折傷敵之手腕。

第十九式

【術名】平掌。

【口令】三。

【動作】

身　稍向右轉。

步　不動。

手　右拳稍向後收貼腰；左掌向前平直打出，四指相併朝上，大指屈，手心向前。

眼　注視前方。

【用法】

手　此承上式。隨將我之左掌突出，向敵面擊之。

第二十式

【術名】護肩拳。

【口令】四。

【動作】

身　稍向左轉。

步　不動。

手　右手覆拳向前平直打出；左掌收回貼護右肩，四指朝上，手心向外，肘屈胸前。

眼　注視右拳。

第二十式

第二十一式

【用法】

手　此承上式。敵如以右手向我擊來。我將左掌格開其手，隨以右拳還擊之。

第二蹚　十字繞三尖（打十字摀踹跺子腳）

第五段

第二十一式

【術名】拗步拳。

【口令】一。

【動作】

身　向左後轉。

步　右足原地隨摩，腿伸直；左足向前上步，腿屈，成左弓箭步。

手　左手同時向左摟，變拳收貼左腰，拳心向上；右拳向前平直打出，手心向下，虎口向左。

眼　視右拳。

【用法】

手　敵如從我後面踢來。我則轉身將左手摟敵之足，右拳擊敵之胸。

第二十二式

【術名】十字腿。

【口令】二。

【動作】

身　不動。

步　左腿原地向上伸，微屈；右足向前平直踢出，足尖向內勾。

手　左拳同時向前平直打出，置右足尖上，拳心向下；右拳收貼右腰，拳心向上。

眼　注視前方。

第二十二式

【用法】

手　左拳雖向前出，用時僅可作格開敵手用。

足　右足隨向敵之陰部踢

之。

第二十三式

【術名】側身拳。

【口令】三。

【動作】

身　向左轉。

步　右足向前落地，腿彎；左足隨摩，成騎馬式。兩足尖俱朝前。

手　右手同時覆拳向右側平直打出；左手仰拳收貼左腰，肘屈。

眼　注視右拳。

【用法】

手　此承上式。敵如以右手擊我。我則用左拳架開，右拳隨向敵心攻之。

第二十三式

第二十四式

第六段

第二十四式

【術名】拗步拳。

【口令】一。

【動作】

身 向右轉。

步 右足原地隨摩；左足稍向左移，腿直，成右弓箭步。

手 左手同時覆拳向前平直打出；右手仰拳收貼右腰，肘屈。

眼 注視左拳。

【用法】

手 敵如以左手擊來。我則用右拳架開，左拳隨向敵腹擊之。

第二十五式

【術名】 十字腿。

【口令】 二。

【動作】

身 不動。

步 右腿原地向上伸，微屈；左足向前平直踢出，足掌用挺力，足尖向內勾。

手 右手同時覆拳向前平直打出，置左足尖上；左拳收貼左腰，拳心向上。

第二十五式

第二十六式

眼 注視前方。

【用法】

手 右拳雖向前出，用時僅可作格開敵手用。

足 左足隨向敵之陰部踢之。

第二十六式

【術名】 側身拳。

【口令】 一。

【動作】

身 向右轉。

步 左足提起隨轉落地，腿

彎；右足原地隨摩，成騎馬式。足尖俱向前。

手　左手同時覆拳，向左平直打出；右手仰拳收貼右腰，肘屈。

眼　注視左拳。

【用法】

手　此承上式。敵如以右手擊我。我則用右拳架開，左拳隨向敵心攻之。

第七段

第二十七式

【術名】拗步拳。

【口令】一。

第二十七式

【動作】

身 向左轉。

步 兩足原地隨摩。左足腿屈；右足腿直，成左弓箭步。

手 左拳同時仰拳，收貼左腰；右拳向前平直打出，手心向下，虎口向左。

眼 視右拳。

【用法】

手 敵如用左手向我右側擊來。我則轉身將左拳格開敵手，隨用右拳擊敵之胸。

第二十八式

【術名】 十字腿。

【口令】 二。

【動作】

身 不動。

步 左腿原地向上伸，微屈；右足向前平直踢出，足掌用挺力，足尖向內勾。

手 左拳同時向前平直打出，置右足尖上，拳心向下；右拳收貼右腰，拳心向上。

眼 注視前方。

【用法】

手 左拳雖向前出，用時僅可作格開敵手用。

第二十八式

第二十九式

足　右足隨向敵之陰部踢之。

第二十九式

【術名】側身拳。

【口令】三。

【動作】

身　向左轉。

步　右足向前落地，腿彎；左足隨摩，成騎馬式。兩足尖俱朝前。

手　右手同時覆拳，向右側平直打出；左手仰拳收貼左腰，肘屈。

眼　注視右拳。

【用法】

手　此承上式。敵如以右手擊我。我則用左拳架開，右拳隨向敵心攻之。

第八段

第三十式

【術名】金絲手一。

【口令】一。

【動作】

身　向右轉。

第三十式

第三十一式

步　兩足原地隨摩，成右弓箭步。

手　右拳向懷稍屈；左手覆掌向右手頸拍住，肘微屈。

眼　向前視。

【用法】

手　敵用右手擒我右手頸。我則用左手將敵手扣住。

第三十一式

【術名】金絲手二。

【口令】二。

【動作】

身　稍向左轉。

步　右足不動；左足向右足後偷步，足尖向左前線。兩腿下彎，成坐盤式。

手　右拳擰轉，仰收貼肋；左手仍握右手頸。

眼　注視右前方。

【用法】

手　此承上式。將手扭轉向懷一帶，以期折傷敵之手腕。

第三十二式

【術名】平掌。

【口令】三。

【動作】

第三十二式

第三十三式

身 稍向右轉。

步 不動。

手 右拳稍向後收貼腰；左掌向前平直打出，四指相併朝上，大指屈，手心向前。

眼 注視前方。

【用法】

手 此承上式。隨將我之左掌突出，向敵面擊之。

第三十三式

【術名】護肩拳。

【口令】四。

【動作】

身 稍向左轉。

步 不動。

手 右手覆拳向前平直打出；左掌收回貼護右肩，四指朝上，手心向外，肘屈胸前。

眼 注視右拳。

【用法】

手 此承上式。敵如以右手向我擊來。我將左掌格開其手，隨以右拳還擊之。

第三蹚　劈扎倒夜犁（專用穿花陰膛腿）

第九段

第三十四式

【術名】扯步攢拳。

【口令】一。

第三十四式

【動作】

身 稍向右轉。

步 右足不動；左足往後扯步，腿直，成右弓箭步。

手 左掌同時變拳，緣口向前打出，手心朝上，小指翻上，高與眉齊，肘微屈；右拳收貼腰間，手心朝上，肘屈。

眼 視左拳。

【用法】

手 敵如以左拳向我中門擊來。我則用右手將敵手掛開，隨用左拳擊敵之鼻。

第三十五式

【術名】 反劈正扎。

【口令】 二。

【動作】

身 向左後轉。

步 兩足原地隨摩。左腿彎；右腿伸直；成左弓箭步。

手 左拳同時隨身向後反劈；右拳隨身向前正劈，成十字拳，虎口

第三十五式

第三十六式

朝上，手心向左。

眼 視右拳。

【用法】

手 敵如從我後面擊來。我則將身向左閃過，用左拳反劈敵之面部，再用右拳正劈敵之耳部。

第三十六式

【術名】崩腿。

【口令】三。

【動作】

身 稍向右轉。

步　左腿原地向上伸，微屈；右足向前平直踢出。
手　右手同時向肋拐肘；左手不動。
眼　視右足尖。
【用法】
手　敵如向我胸前擊來。我用右肘將他手拐住。
足　隨用右足踢敵之陰。

第三十七式

【術名】順拳。
【口令】四。
【動作】
身　向左轉。
步　右足向前落地，腿彎；左腿原地伸直，成右弓箭步。

第三十七式

第三十八式

手　右拳同時向前平直打出，手心向下，虎口朝左；左拳不動。

眼　視右拳

【用法】

手　此承上式。再以右拳擊敵之胸，則敵招架不及，而仆地之虞，勢所難免。

第十段

第三十八式

【術名】轉身攢拳。

【口令】一。

【動作】

身 向左後轉。

步 兩足原地隨擰，成左弓箭步。

手 右手同時仰拳隨身向上循胸而下，再用覆拳收貼腰間，肘屈；左拳向懷轉，復用仰拳緣口上攢向前打出，小指翻上，高與眉齊，肘微屈。

眼 視左拳。

【用法】

手 敵如以左拳向我中門擊來。我則用右手將敵手掛開，隨用左拳擊敵之鼻。

第三十九式

【術名】反劈正扎。

【口令】二。

【動作】

身 向右後轉。

第三十九式

步 兩足原地隨摩，右腿彎，左腿伸直，成右弓箭步。

手 右拳同時隨身向後反劈；左拳隨身向前正劈，成十字拳，虎口朝上，手心向右。

眼 視左拳。

【用法】

手　敵如從我後面擊來。我則將身向右閃過，用右拳反劈敵之面部，再用左拳正劈敵之耳部。

第四十式

【術名】崩腿。

【口令】三。

【動作】

身　稍向左轉。

步　右腿原地向上伸，微屈；左足向前平直踢出。

手　左手同時向肋拐肘；右手不動。

眼　視左足尖。

第四十式

第四十一式

【用法】

手　敵如向我胸前擊來。我用左肘將他手拐住。

足　隨用左足踢敵之陰。

第四十一式

【術名】順拳。

【口令】四。

【動作】

身　向右轉。

步　左足向前落地，腿彎；右腿原地伸直，成左弓箭步。

手　左拳同時向前平直打

出，手心向下，虎口朝右；右拳不動。

眼 視左拳。

【用法】

手 此承上式。再以左拳擊敵之胸，則敵招架不及，而仆地之虞，勢所難免。

第十一段

第四十二式

【術名】轉身攢拳。

【口令】一。

【動作】

身 身右後轉。

第四十二式

步 兩足原地隨摩，成右弓箭步。

手 左手同時仰拳隨身向上循胸而下，再用覆拳收貼腰間，肘屈；右拳向懷轉，復用仰拳緣口上攢向前打出，小指翻上，高與眉齊，肘微屈。

眼 視右拳。

【用法】

手 敵如以右拳向我中門擊來。我則用左手將敵手掛開，隨用右拳擊敵之鼻。

第四十三式

【術名】反劈正扎。

【口令】二。

【動作】

身 向左後轉。

步 兩足原地隨摩。左腿彎，右腿伸直，成左弓箭步。

手 左拳同時隨身向後反劈；右拳隨身向前正劈，成十字拳，虎口朝上，手心向左。

眼 視右拳。

【用法】

手 敵如從我後面擊來。我則將身向左閃過，用左拳反劈敵之面部，再用右拳正劈敵之耳部。

第四十三式

第四十四式

第四十四式

【術名】崩腿。

【口令】三。

【動作】

身　稍向右轉。

步　左腿原地向上伸，微屈；右足向前平直踢出。

手　右手同時向肋拐肘；左手不動。

眼　視右足尖。

【用法】

手　敵如向我胸前擊來。我

用右肘將他手拐住。

足 隨用右足踢敵之陰。

第四十五式

【術名】順拳。

【口令】四。

【動作】

身 向左轉。

步 右足向前落地，腿彎；左腿原地伸直，成右弓箭步。

手 右拳同時向前平直打出，手心向下，虎口朝左；左拳不動。

眼 視右拳

【用法】

手 此承上式。再以右拳擊敵之胸，則敵招架不及，而仆地之處，

第四十五式

第四十六式

勢所難免。

第十二段

第四十六式

【術名】金絲手一。

【口令】一。

【動作】

身 不動。

步 不動

手 右拳向懷稍屈；左手覆掌，向右手頸拍住，肘微屈。

眼 仍向前視。

【用法】

手 敵用右手擒我右手頸。我則用左手將敵手扣住。

第四十七式

【術名】金絲手二。

【口令】二。

【動作】

身 稍向左轉。

步 右足不動；左足向右足後偷步，足尖向左前線。兩腿下彎，成坐盤式。

手 右拳擰轉，仰收貼肋；左手仍握右手頸。

眼 注視右前方。

第四十七式

第四十八式

【用法】

手　此承上式。將手扭轉向懷一帶，以期折傷敵之手腕。

第四十八式

【術名】平掌。

【口令】三。

【動作】

身　稍向右轉。

步　不動。

手　右拳稍向後收貼腰；左掌向前平直打出，四指相併朝上，大指屈，手心向前。

眼 注視前方。

【用法】

手 此承上式。隨將我之左掌突出，向敵面擊之。

第四十九式

【術名】 護肩拳。

【口令】 四。

【動作】

身 稍向左轉。

步 不動。

手 右手覆拳向前平直打出；左掌收回貼護右肩，四指朝上，手心向外，肘屈胸前。

眼 注視右拳。

第四十九式

第五十式

【用法】

手　此承上式。敵如以右手向我擊來。我將左掌格開其手，隨以右拳還擊之。

第四蹚　撐花人難擋（內藏白鶴亮翅平地翻）

第十三段

第五十式

【術名】轉身掌。

【口令】一。

方。

【動作】

身　向左後轉。

步　右足原地隨摩，腿直；左足隨身向前上步，腿彎，稍向左前方。

手　左掌同時由懷向左前平推，四指朝上，大指屈，手心向右前方，肘微屈；右拳向左翻轉變鉤，向右後下方斜伸，手心朝上。

眼　視左拳。

【用法】

手　敵如從我後面擊來。我則將身向左閃。隨用左掌擊敵之心。

第五十一式

【術名】崩腿。

【口令】二。

第五十一式

第五十二式

【動作】

身　稍向左轉。

步　左腿原地向上伸，微屈；右足向前平直踢出。

手　兩手不動。

眼　視右足尖。

【用法】

手　此承上式。隨用右足擊敵之陰，上下連擊。敵靡不為我敗矣。

第五十二式

【術名】進步掌。

【口令】三。

【動作】

身　稍向左轉。

步　左腿原地伸直；右足向右前上步，腿屈，成右弓箭步。

手　左掌同時變鉤，由右前向左後下方斜勾；右鉤變掌，由右後向右前平直推出，四指朝上，大指屈，手心朝左前方，肘微屈。

眼　視右掌。

【用法】

手　敵如用右掌向我中門擊來。我則一面將身向左一閃，一面用左掌將敵拳勾開，隨用右掌向敵心擊之。

第五十三式

【術名】鉤手掌。

【口令】四。

【動作】

身 稍向左轉。

步 右足尖原地隨轉；左足向右足後插步，成交叉式。

手 左鉤同時變掌收回護於右肩；右掌變鉤向右後下方斜勾，手心朝上。

第五十三式

身 再稍向左轉。

步 右足向右後踏步，腿直，成左弓箭步。

手 左掌同時變鉤，向左後下方斜勾，手心朝上；右鉤變掌，向右前平推，四指朝上，大指屈，手心朝左前方。

眼 視右拳。

【用法】

手 敵如從我右側攻來。我將身向左一閃，隨用左掌向右側護住，並將敵手勾開。

足 同時用右足滑敵前足。則其身必動搖。

手 我再用右掌叉敵之喉。敵必仰跌於地矣。

第十四段

第五十四式

【術名】 轉身掌。

【口令】 一。

【動作】

身 向右後轉。

步 兩足原地隨摩，成右弓箭步。

手 右掌同時由右後向右前平推，四指朝上，大指屈，手心朝左前；左鉤隨身向左後下方斜勾，手心朝上。

眼 視右掌。

第五十四式

【用法】

手 敵如從我後面擊來。我則將身向右閃，隨用右掌擊敵之心。

第五十五式

【術名】崩腿。

【口令】二。

【動作】

身　稍向右轉。

步　右腿原地向上伸，微屈；左足向前平直踢出。

手　兩手不動。

眼　視左足尖。

【用法】

手　此承上式。隨用左足擊敵之陰。上下連擊，敵靡不為我敗矣。

第五十六式

【術名】進步掌。

第五十五式

第五十六式

【口令】三。

【動作】

身 稍向右轉。

步 右腿原地伸直；左足向左前上步，腿屈，成左弓箭步。

手 右掌同時變鉤，由左前向右後下方斜勾；左鉤變掌，由左後向左前平直推出，四指朝上，大指屈，手心朝右前方，肘微屈。

眼 視左掌。

【用法】

手　敵如用左拳向我中門擊來。我則一面將身向右一閃，一面用右掌將敵拳勾開，隨用左掌向敵心擊之。

第五十七式（甲）（乙）

【術名】鉤手掌。

【口令】四。

【動作】

身　稍向右轉。

步　左足尖原地隨轉；右足向左足後插步，成交叉式。

手　右鉤同時變掌收回護於左肩；左掌變鉤向左後下方斜勾，手心朝上。

身　再向右轉。

第五十七式（甲）

第五十七式（乙）

步 左足向左後踏步，腿直，成右弓箭步。

手 右掌同時變鉤，由右後下方斜勾，手心朝上；左鉤變掌，向左前平推，四指朝上，大指屈，手心朝右前方。

眼 視左掌。

【用法】

手 敵如從我左側攻來。我將身向右一閃，隨用右掌向左側護住，並將敵手勾開。

足 同時用左足滑敵前足。

則其身必動搖。

手　我再用左掌叉敵之喉。敵必仰跌於地矣。

第十五段

第五十八式

【術名】轉身掌。

【口令】一。

【動作】

身　向左後轉。

步　兩足原地隨彎。左腿彎，右腿直，成左弓箭步。

手　左掌同時由右後向左前平推，四指朝上，大指屈，手心向右前；右鉤由左前向右後下方斜勾，手心朝上。

第五十八式

第五十九式

眼 視左掌。

【用法】

手 敵如從我後面擊來。我則將身向左閃，隨用左掌擊敵之心。

第五十九式

【術名】 崩腿。

【口令】 二。

【動作】

身 稍向左轉。

步 左腿原地向上伸，微屈；右足向前平直踢出。

手 兩手不動。

眼 視右足尖。

【用法】

手 此承上式。隨用右足擊敵之陰。上下連擊，敵靡不為我敗矣。

第六十式

【術名】 進步掌。

【口令】 三。

【動作】

身 稍向左轉。

步 左腿原地伸直；右足向右前上步。腿屈，成右弓箭步。

手 左掌同時變鉤，由右前向左後下方斜勾；右鉤變掌，由右後向右前平直推出，四指朝上，大指屈，手心朝左前方，肘微屈。

第六十式

第六十一式

眼 視右拳。

【用法】

手 敵如用右拳向我中門擊來。我則一面將身向左一閃，一面用左掌將敵拳勾開，隨用右掌向敵心擊之。

第六十一式

【術名】 鉤手掌。

【口令】 四。

【動作】

身 稍向左轉。

步 右足尖原地隨轉；左足

向右足後插步，成交叉式。

手 左鉤同時變掌收回護於右肩；右掌變鉤向右後下方斜勾，手心朝上。

身 再稍向左轉。

步 右步向右後踏步，腿直，成左弓箭步。

手 左掌同時變鉤，向左後下方斜勾，手心朝上；右鉤變掌，向右前平推，四指朝天，大指屈，手心朝左前方。

眼 視右拳。

【用法】

手 敵如從我右側攻來。我將身向左一閃，隨用左掌向右側護住，並將敵手勾開。

足 同時用右足滑敵前方。則其身必動搖。

手　我再用右掌叉敵之喉。敵必仰跌於地矣。

第十六段

第六十二式

【術名】金絲手一。

【口令】一。

第六十二式

【動作】

身　向右後轉。

步　兩足原地隨摩，成右弓箭步。

手　右掌同時變拳向前伸直，手心向下，虎口朝左；左鉤

變掌向右手頸拍住，肘微屈。

眼 向前視。

【用法】

手 敵用右手擒我右手頸。我則用左手將敵手扣住。

第六十三式

【術名】 金絲手二。

【口令】 二。

【動作】

身 稍向左轉。

步 右足不動；左足向右足後偷步，足尖向左前線。兩腿下彎，成坐盤式。

手 右拳擰轉，仰收貼肋；左手仍握右手頸。

第六十三式

第六十四式

眼　注視右前方。

【用法】

手　此承上式。將手扭轉向懷一帶，以期折傷敵之手腕。

第六十四式

【術名】平掌。

【口令】三。

【動作】

身　稍向右轉。

步　不動。

手　右拳稍向後收貼腰；左掌向前平直打出，四指相併朝上，大指屈，手心向前。

眼 注視前方。

【用法】

手 此承上式。隨將我之左掌突出，向敵面擊之。

第六十五式

【術名】 護肩拳。

【口令】 四。

【動作】

身 稍向左轉。

步 不動。

手 右手覆拳向前平直打出；左掌收回貼護右肩，四指朝上，手心向外，肘屈胸前。

第六十五式

第六十六式

眼　注視右拳。

【用法】

手　此承上式。敵如以右手向我擊來。我將左掌格開其手，隨以右拳還擊之。

第五蹚　舞花炮捶跟著走

（硬打硬上不容進）

第十七段

第六十六式

【術名】炮拳。

【口令】一。

【動作】

身　向左轉。

步　右足稍向右移，腿直；左足向前上步，腿彎，成左弓箭步。

手　左掌同時變拳向左上挑，近左額，高過頭，虎口朝下，手心朝左前，肘屈，成半圓形；右拳由後向前平直打出，手心向下，虎口朝左。

眼　視右拳。

【用法】

手　敵由側門以拳或掌擊來。我則轉身用左拳架開敵人右手，隨用右拳向敵心擊之。

第六十七式

【術名】　踢潭腿。

形。

【口令】二。

【動作】

身 稍向右轉。

步 左腿原地向上伸，微屈；右足向前平直踢出，隨向後收成勾股

手 右拳拐肘貼右肋，拳心朝上，虎口朝右前；左拳不動。

眼 向前平視。

【用法】

手 此承上式。敵或用左手反擒我右手。我則將肘一拐，敵手必鬆。

足 隨用右足擊其腹部。

第六十七式

第六十八式

【術名】順拳。

【口令】三。

【動作】

身　稍向左轉。

步　左腿原地伸直；右足向前落地，腿彎，成右弓箭步。

手　左拳同時收貼腰間，手心朝上，肘屈；右拳向前平直打出，手心向下，虎口朝左。

眼　視右拳。

【用法】

手　此承上式。敵如以左手擊來。我則將左拳格開，隨用右拳向敵心擊之。

第六十八式

第六十九式

第十八段

第六十九式

【術名】炮拳。

【口令】一。

【動作】

身 稍向右轉。

步 右足原地不動；左足稍向左移，成右弓箭步。

手 右拳同時向右上挑，近右額，高過頭，虎口朝下，手心向右前，肘屈，成半圓形；左拳向前平直打出，手心向下，虎口朝右。

眼 視左拳。

【用法】

手 敵由正門以拳或掌擊來。我則用右拳架開敵人左手，隨用拳向敵心擊之。

第七十式

【術名】踢潭腿。

【口令】二。

【動作】

身 稍向左轉。

步 右腿原地向上伸，微屈；左足向前平直踢出，隨向後收成勾股形。

第七十式

第七十一式

手 左手拐肘貼左肋，手心朝上，虎口朝左前；右拳不動。

眼 向前平視。

【用法】

手 此承上式。敵或用右手反擒我左手。我則將肘一拐，敵手必鬆。

足 隨用左足擊其腹部。

第七十一式

【術名】順拳。

【口令】三。

【動作】

身　稍向右轉。

步　右足原地伸直；左足向前落地，腿彎，成左弓箭步。

手　右拳同時收貼腰間，手心朝上，肘屈；左拳向前平直打出，手心向下，虎口朝右。

眼　視左拳。

【用法】

手　此承上式。敵如以右手擊來。我則將右拳格開，隨用左拳向敵心擊之。

第七十二式

第十九段

第七十二式

【術名】炮拳。

【口令】一。

【動作】

身　稍向左轉。

步　不動。

手　左拳同時向左上挑，近左額，高過頭，虎口朝下，手心朝左前，肘屈，成半圓形；右拳由腰向前平直打出，手心向下，虎口朝左。

眼 視右拳

【用法】

手 敵由側門以拳或掌擊來。我則轉身用左拳架開敵人右手，隨用左拳向敵心擊之。

第七十三式

【術名】 踢潭腿。

【口令】 二。

【動作】

身 稍向右轉。

步 左腿原地向上伸，微屈；右足向前平直踢出，隨向後收成勾股形。

第七十三式

第七十四式

手 右拳拐肘貼右肋，拳心朝上，虎口朝右前；左拳不動。

眼 向前平視。

【用法】

手 此承上式。敵或用左手反擒我右手。我則將肘一拐，敵手必鬆。

足 隨用右足擊其腹部。

第七十四式

【術名】 順拳。

【口令】 三。

【動作】

身 稍向左轉。

步 左腿原地伸直；右腿向前落地，腿彎，站在前直線上，成右弓箭步。

手 左拳同時收貼腰間，手心朝上，肘屈；右拳向前平直打出，手心向下，虎口朝左。

眼 視右拳。

【用法】

手 此承上式。敵如以左手擊來。我則將左拳格開，隨用右拳向敵心擊之。

第七十五式

第二十段

第七十五式

【術名】金絲手一。

【口令】一。

【動作】

身　不動。

步　不動。

手　右拳向懷稍屈；左手覆掌，向右手頸拍住，肘微屈。

眼　向前視。

【用法】

手　敵用右手擒我右手頸。我則用左手將敵手扣住。

第七十六式

【術名】金絲手二。

【口令】二。

【動作】

身　稍向左轉。

步　右足不動；左足向右足後偷步，足尖向左前線。兩腿下彎，成坐盤式。

手　右拳擰轉，仰收貼肋；左手仍握右手頸。

眼　注視右前方。

第七十六式

第七十七式

【用法】

手　此承上式。將手扭轉向懷一帶，以期折傷敵之手腕。

第七十七式

【術名】平掌。

【口令】三。

【動作】

身　稍向右轉。

步　不動。

手　右拳稍向後收貼腰；左掌向前平直打出，四指相併朝上，大指屈，手心向前。

眼　注視前方。

【用法】

手　此承上式。隨將我之左掌突出，向敵面擊之。

第七十八式

【術名】護肩拳。

【口令】四。

【動作】

身　稍向左轉。

步　不動。

手　右手覆拳向前平直打出；左掌收回貼護右肩，四指朝上，手心向外，肘屈胸前。

眼　注視右拳。

第七十八式

第七十九式

【用法】

手　此承上式。敵如以右手向我擊來。我將左掌格開其手，隨以右拳還擊之。

第六蹚　接攔帶點腿（捎帶刮耳攔腰拳）

第二十一段

第七十九式

【術名】反拍腳。

【口令】一。

【動作】

身　不動。

步　右腿原地向上伸，微屈；左足向前平直踢出，足尖朝上。

手　左掌同時向左足尖拍住；右拳不動。

眼　視左足尖。

【用法】

手　敵如用右手向我擊來。我則將左手向左摟開。

此手名雖向腳拍之，實非用法如此也。

足　隨用左足踢敵之腹。

第八十式

【術名】拗步掌。

【口令】二。

第八十式

【動作】

身　稍向左轉。

步　左足向前落地，腿屈；右足原地伸直，成左箭步。

手　左掌同時收貼左腰，手心向上，肘屈；右拳變掌向前平推，四指朝右，手心向前，肘微屈。

眼　視右掌。

【用法】

手　此承上式。用左掌將敵手摟開，隨用右掌撐敵之喉。

第八十一式

【術名】正拍腳。

【口令】三。

【動作】

身　稍向右轉。

步　左腿原地向上伸，微屈；右足向前平直踢出，足尖朝上。

手　左掌同時向右足尖拍住；右掌收貼右腰，手心向上，肘屈。

眼　視右足尖。

【用法】

手　敵如用左手向我擊來。我則將左手向右攔開。此手名雖向腳拍之，實非用法如此也。

足　隨用右足踢敵之腹。

第八十一式

第八十二式

第八十二式

【術名】雙栽拳。

【口令】四。

【動作】

身 向右後轉，稍往前傾。

步 右足原地隨摩；左足提起隨身向後轉落地，兩腿彎，左足尖點地，右實左虛。

手 兩手同時覆拳向前下方斜打，虎口相對，隔離拳許，肘直。

眼 向下視拳。

【用法】

手　敵如從我後面用腳向下部踢來。我則轉身用雙拳急擊其腿。此係禦而兼攻之法。

第二十二段

第八十三式

【術名】轉身拍腳。

【口令】一。

【動作】

身　稍向右轉。

步　右足原地向上伸，微屈；左足向前平直踢出。

手　左掌同時向左足尖拍住；右拳收貼右腰，手心向上，肘屈。

第八十三式

第八十四式

眼 視左足尖。

【用法】

手 敵如用右手向我擊來。我則將左手向左摟開。此手名雖向腳拍之，實非用法如此也。

足 隨用左足踢敵之腹。

第八十四式

【術名】 拗步掌。

【口令】 二。

【動作】

身 稍向左轉。

步 左足向前落地，腿屈；

右足原地伸直，成左弓箭步。

手 左掌同時收貼左腰，手心向下，肘屈；右拳變掌，向前平推，四指朝左，手心向前，肘微屈。

眼 視右拳。

【用法】

手 此承上式。用左掌將敵手摟開，隨用右掌撐敵之喉。

第八十五式

【術名】 正拍腳。

【口令】 三。

【動作】

身 稍向右轉。

步 左腿原地向上伸，微屈；右足向前平直踢出。

第八十五式

第八十六式

手　左掌同時向右足尖拍住；右掌收貼右腰，手心向上，肘屈。

眼　視右足尖。

【用法】

手　敵如用左手向我擊來。我則將左手向右攔開。此手名雖向腳拍之，實非用法如此也。

足　隨用右足踢敵之腹。

第八十六式

【術名】雙栽拳。

【口令】四。

【動作】

身　向左後轉，稍往前傾。

步　右足原地隨摩；左足提起隨身向後轉落地；兩腿彎，左足尖點地，右實左虛。

手　兩手同時覆拳向前下方斜打，虎口相對，隔離拳許，肘直。

眼　向下視拳。

【用法】

手　敵如從我後面用腳向我下部踢來。我則轉身用雙拳急擊其腿。此係禦而兼攻之法。

第八十七式

第二十三段

第八十七式

【術名】反拍腳。

【口令】一。

【動作】

身　不動。

步　右腿原地向上伸，微屈；左足往前平踢，足尖朝上。

手　左掌同時向左足尖拍往；右拳收貼右腰，手心向上，肘屈。

眼　視左足尖。

【用法】

手　敵如用右手向我擊來。我則將左手向左摟開。

此手名雖向腳拍之，實非用法如此也。

足　隨用左足踢敵之腹。

第八十八式

【術名】拗步掌。

【口令】二。

【動作】

身　稍向左轉。

步　左足向前落地，腿屈；右足原地伸直，成左弓箭步。

手　左掌同時收貼左腰，手心向上，肘屈；右拳變掌向前平推，四

第八十八式

第八十九式

指朝右，手心向前，肘微屈。

眼　視右掌。

【用法】

手　此承上式。用左掌將敵手摟開，隨用右掌撐敵之喉。

第八十九式

【術名】正拍腳。

【口令】三。

【動作】

身　稍向右轉。

步　左腿原地向上伸，微屈；右足向前平直踢出，足尖朝上。

手　左掌同時向右足尖拍住；右掌收貼右腰，手心向上，肘屈。

眼　視右足尖。

【用法】

手　敵如用左手向我擊來。我則將左手向右攔開。

此手名雖向腳拍之，實非用法如此也。

足　隨用右足踢敵之腹。

第九十式

【術名】雙栽拳。

【口令】四。

【動作】

身　向右後轉，稍往前傾。

第九十式

步 右足原地隨摩；左足提起隨身向後轉落地；兩腿彎，左足尖點地，右實左虛。

手 兩手同時覆拳向前下方斜打，虎口相對，隔離拳許，肘直。

眼 向下視拳。

【用法】

手 敵如從我後面用腳向我下部踢來。我則轉身用雙拳急擊其腿。此係禦而兼攻之法。

第二十四段

第九十一式

【術名】金絲手一。

【口令】一。

【動作】

身 向右後轉。

步 兩足原地隨摩，成右弓箭步。

手 右拳隨身向前伸直，手心向下，虎口朝左；左拳隨身變掌向右手頸拍住，肘微屈。

眼 向前視。

第九十一式

第九十二式

【用法】
手　敵用右手擒我右手頸。我則用左手將敵手扣住。

第九十二式

【術名】金絲手二。

【口令】二。

【動作】
身　稍向左轉。
步　右足不動；左足向右足後偷步，足尖向左前線；兩腿下彎，成坐盤式。
手　右拳擰轉，仰收貼肋；

左手仍握右手頸。

眼 注視右前方。

【用法】

手 此承上式。將手扭轉向懷一帶，以期折傷敵之手腕。

第九十三式

【術名】平掌。

【口令】三。

【動作】

身 稍向右轉。

步 不動。

手 右拳稍向後收貼腰；左掌向前平直打出，四指相併朝上，大指屈，手心向前。

第九十三式

第九十四式

眼 注視前方。

【用法】

手 此承上式。隨將我之左掌突出，向敵面擊之。

第九十四式

【術名】護肩拳。

【口令】四。

【動作】

身 稍向左轉。

步 不動。

手 右手覆拳向前平直打出；左拳收回貼護右肩，四指朝上，手心向外，肘屈胸前。

眼 注視右拳。

【用法】

手 此承上式。敵如以右手向我擊來。我將左掌格開其手，隨以右拳還擊之。

第七蹚 晃撻帶晃腿（見空即打莫留情）

第二十五段

第九十五式

【術名】順步炮拳。

【口令】一。

第九十五式

【動作】

身 稍向左轉。

步 右腿原地伸直；左足向前上步，腿彎，成左弓箭步。

手 右拳同時由後下方向前上挑，近右額，高過頭，手心向前，虎口朝下，肘屈，成半圓形；左手覆拳向前平直打出，虎口朝右。

眼 視左拳

【用法】

手 敵人以左拳迎面攻來。我用右拳挑開敵手，隨以左拳向敵右肋擊之。

第九十六式

【術名】打晃拳。

【口令】二。

【動作】

身 稍向右轉。

步 兩足原地隨摩，成右弓箭步。

手 左拳同時向左上翻轉；右拳向左手腕上靠住；兩拳交叉，手心朝上，肘屈。

左手隨用覆拳向前平直打出；右拳向右上挑，近右額，高與頭平，手心向外，虎口朝下，肘屈成半圓形。

眼 視左拳。

第九十六式

第九十七式

【用法】
此式用法有二。
手 （一）敵用右手擊來。我用左手向他肘部一靠，右手同時向他內腕一靠。
（二）敵向我上部擊來。我用右拳將他手格開，隨用左拳擊其心部。

第九十七式

【術名】踢晃腿。
【口令】三。

【動作】

身 向左轉，約一百三十五度。

步 右足原地隨摩，腿向上伸，微屈；右足向前平直踢出。

手 左拳向左上翻；右拳向左手腕上靠住；兩拳交叉，手心朝上，肘屈。

眼 視右足尖。

【用法】

此式用法有二。

手 （一）敵用右手擊來。我用左手向他肘部一靠，右手同時向他內腕一靠。

（二）隨用右足踢敵陰部。

第九十八式

【術名】順步炮拳。

【口令】四。

【動作】

身 稍向右轉，約四十五度。

步 右足向前平直踢出，隨落地，腿彎；左腿原地伸直，成右弓箭步。

手 左拳同時向左上挑，近左額，高過頭，手心向前，虎口朝下。右拳向前平直打出，手心向下，虎口朝左。

眼 視右拳。

第九十八式

【用法】

手　敵如以右拳向我面部擊來。我則用左拳挑開，隨用右拳向敵心擊之。

足　同時右足踢敵陰部。

第二十六段

第九十九式

【術名】打晃拳一。

【口令】一。

【動作】

身　不動。

步　不動。

第九十九式

第一百式

手　右拳向右上翻轉；左拳向右手腕上靠住；兩拳交叉，手心向上，肘屈。

眼　視拳。

【用法】

手　敵用左拳擊來。我用右手向敵肘一靠，左手同時向敵內腕一靠。

第一百式

【術名】打晃拳二。

【口令】二。

【動作】

身　向左轉。

步　兩足原地隨摩，成左弓箭步。

手　左拳同時向左上挑，近左額，高過頭，手心向前，虎口朝下，肘屈，成半圓形；右手翻腕覆拳向右平直打出。

眼　視右拳

【用法】

手　敵如向我上部擊來。我用左拳將敵手格開，隨用右拳向敵心擊之。

第一百零一式

【術名】踢晃腿。

【口令】三。

【動作】

身 向右轉，約一百三十五度。

步 右足原地隨摩，腿向上伸，微屈；左足向前平直踢出。

手 兩拳相靠交叉，手心朝上，肘屈貼肋。

眼 視左足尖。

第一百零一式

【用法】

手 敵用左拳擊來。我用右手向敵肘一靠，左手同時向敵內腕一靠。

足 隨用左足向敵陰部踢之。

第一百零二式

【術名】順步炮拳。

【口令】四。

【動作】

身 稍向左轉，約四十五度。

步 左足向前平直踢出，隨落地，腿彎；右足原地伸直，成左弓箭步。

手 右拳同時向右上挑，近右額，高過頭，手心向前，虎口朝下；左拳向前平直打出，手心向下，虎口朝右。

眼 視左拳。

【用法】

手 敵如以左拳向我面部擊來。我則用右拳挑開，隨用左拳向敵心

第一百零二式

第一百零三式

擊之。

足　同時左足踢敵陰部。

第二十七段

第一百零三式

【術名】打晃拳一。

【口令】一。

【動作】

身　不動。

步　不動。

手　左拳向左上翻轉；右拳向左手腕上靠住；兩拳交叉，手心朝上，肘屈。

眼　視拳。

【用法】

手　敵用右手擊來。我用左手向敵肘一靠，左手同時向敵內腕一靠。

第一百零四式

【術名】打晃拳二。

【口令】二。

【動作】

身　向右轉。

步　兩足原地隨摩，成右弓箭步。

手　右拳同時向右上挑，近右額，高過頭，手心朝前，虎口朝下，

第一百零四式

第一百零五式

肘屈，成半圓形；左手覆拳向前平直打出。

眼 視左拳。

【用法】

手 敵如向我上部擊來。我用右拳將敵手格開，隨用左拳向敵心擊之。

第一百零五式

【術名】 踢晃腿。

【口令】 三。

【動作】

身 向左轉，約一百三十五

度。

步 左足原地隨擰，腿向上伸，微屈；右足向前平直踢出。

手 左拳向左上翻；右拳向左手腕上靠住；兩拳交叉，手心朝上，肘屈。

眼 視右足尖。

【用法】

此式用法有二。

手 （一）敵用右手擊來。我用左手向他肘部一靠，右手同時向他內腕一靠。

足 （二）隨用右足踢敵陰部。

第一百零六式

【術名】 順步炮拳

第一百零六式

【口令】四。

【動作】。

身 稍向右轉，約四十五度。

步 右足向前平直踢出，隨落地，腿彎；左腿原地伸直，成右弓箭步。

手 左拳同時向左上挑，近左額，高過頭，手心向前，虎口朝下；右拳向前平直打出，手心向下，虎口朝左。

眼 視右拳。

【用法】

手 敵如以右拳向我面部擊來。我則用左拳挑開，隨用右拳向敵心擊之。

足　同時右足踢敵陰部。

第二十八段

第一百零七式

【術名】金絲手一。

【口令】一。

【動作】

身　不動。

步　不動。

手　右拳向懷稍屈；左手覆掌，向右手頸拍住，肘微屈。

眼　向前視。

第一百零七式

第一百零八式

【用法】

手　敵用右手擒我右手頸。我則用左手將敵手扣住。

第一百零八式

【術名】金絲手二。

【口令】二。

【動作】

身　稍向左轉。

步　右足不動；左足向右足後偷步，足尖向左前線。兩腿下彎，成坐盤式。

手　右拳擰轉，仰收貼肋；

左手仍握右手頸。

眼 注視右前方。

【用法】

手 此承上式。將手扭轉向懷一帶，以期折傷敵之手腕。

第一百零九式

【術名】平掌。

【口令】三。

【動作】

身 稍向右轉。

步 不動。

手 右拳稍向後收貼腰；左掌向前平直打出，四指相併朝上，大指屈，手心向前。

第一百零九式

第一百十式

眼　注視前方。

【用法】

手　此承上式。隨將我之左掌突出，向敵面擊之。

第一百十式

【術名】護肩拳。

【口令】四。

【動作】

身　稍向左轉。

步　不動。

手　右手覆拳向前平直打出；左掌收回貼護右肩，四指朝上，手心向外，肘屈胸前。

眼　注視右拳。

【用法】

手　此承上式。敵以右手向我擊來。我將左掌格開其手，隨以右拳還擊之。

第八蹚　硬打硬闖不放鬆（單手摧碑在裡邊）

第二十九段

第一百十一式

【術名】摟手。

【口令】一。

【動作】

第一百十一式

身 向前伏。

步 右腿原地腿彎；左足向前上步，撲地。

手 左手同時往左足背上摟，止於足背；右手握拳貼腰，手心朝上，肘屈。

眼 視左手。

【用法】

手 敵如用右足向我下部踢來。我則用左手摟敵之足。

第一百十二式

【術名】拗步拳。

【口令】二。

【動作】

身　向上提起。

步　左腿原地成弓式；右腿原地成箭式。

手　左掌同時變拳收貼腰間；右手覆拳向前平直打出。

眼　視右拳。

【用法】

手　此承上式。隨用右拳向敵左肋擊之。

第一百十三式

【術名】踢崩腿一。

第一百十二式

第一百十三式

【口令】三。

【動作】

身 稍向右轉。

步 左足原地向上伸，微屈；右足向前平直踢出。

手 右手同時仰拳收貼右肋；左手覆拳向前平直打出。

眼 視左拳。

【用法】

手 敵如用左手向我擊來。我將右拳掛開，左拳向前打出。係練法，非用法。

足　同時右足踢敵陰部。

第一百十四式

【術名】崩腿二。

【口令】四。

【動作】

身　稍向左轉。

步　右足落地，腿微屈；左足向前平直踢出。

手　左手同時仰拳收貼左肋；右手覆拳向前平直打出。

眼　視右拳。

【用法】

手　敵如用右手向我擊來。我將左拳掛開，右拳向前打出。係練法，非用法。

第一百十四式

第一百十五式

足　同時左足踢敵陰部。

第三十段

第一百十五式

【術名】崩腿一。

【口令】一。

【動作】

身　稍向右轉。

步　左足落地，腿微屈；右足向前平直踢出。

手　右手同時仰拳由收貼右肋；左手覆拳向前平直打出。

眼　視左拳。

【用法】

手　敵如用左手向我擊來。我將右拳掛開，左拳向前打出。係練法，非用法。

足　同時右足踢敵陰部。

第一百十六式

【術名】崩腿二。

【口令】二。

【動作】

身　稍向左轉。

步　右足落地，腿微屈；左足向前平直踢出。

手　左手同時仰掌收貼左肋；右手覆拳向前平直打出。

第一百十六式

第一百十七式

眼　視右拳。

【用法】

手　敵如用右手向我擊來。我將左拳掛開，右拳向前打出。係練法，非用法。

足　同時左足踢敵陰部。

第一百十七式

【術名】崩腿三。

【口令】三。

【動作】

身　稍向右轉。

步　左足落地，腿微屈；右

足向前平直踢出。

手 右手同時仰掌收貼右肋；左手覆拳向前平直打出。

眼 視左拳。

【用法】

手 敵如用左手向我擊來。我將右拳掛開，左拳向前打出。係練法，非用法。

足 同時右足踢敵陰部。

第一百十八式

【術名】 踢闖腿。

【口令】 四。

【動作】

身 稍向左轉。

第一百十八式

步 右足落地隨繃起；左足隨提起落地；右足向前平直彈出。

手 左手同時仰拳收貼左肋；右手覆拳向前平直打出。

眼 視右拳。

【用法】

手 敵如用右拳向我中部擊來。我則用左拳格開，右拳向前打出。係練法，非用法。

足 同時右足向敵心踢之。

第三十一段

第一百十九式

【術名】順步扎拳。

【口令】一。

【動作】

身　做前下伏。

步　右足落地，腿向後成斜線；左腿原地屈。

手　右拳向前下劈，近右足尖，虎口朝上，手心向左；左拳向左後轉體過頭，虎口朝上，手心向左。

眼　視右拳。

第一百十九式

第一百二十式

【用法】

手　敵如用足向我下部踢來。我用右拳向敵足劈之。

第一百二十式

【術名】拗步扎拳。

【口令】二。

【動作】

身　向上提起。

步　兩腿原地成右弓箭步。

手　右拳同時由前向後轉；左拳由後向前平直劈出；兩手虎口俱朝上。

眼　視左拳。

【用法】

手　敵如用左拳迎門擊來。我用右拳格開，隨用左拳向敵面劈之。

第一百二十一式

【術名】順步扎拳。

【口令】三。

【動作】

身　往前下伏。

步　右足撲地，腿向後成斜線；左腿原地屈。

手　右拳向前下劈，近右足尖，虎口朝上，手心向左；左拳向左後轉，高過頭，虎口朝上，手心向左。

眼　視右拳。

第一百二十一式

第一百二十二式

【用法】

手　敵如用足向我下部踢來。我用右拳向敵足劈之。

第三十二段

第一百二十二式

【術名】金絲手一。

【口令】一。

【動作】

身　向左後轉。

步　兩足原地隨擰；左腿伸直；右足向前上步，腿屈，成右弓箭步。

手　右拳隨身向前伸出；左手覆掌向右手頸拍住，肘微屈。

眼　向前視。

【用法】

手　敵用右手擒我右手頸。我則用左手將敵手扣住。

第一百二十三式

【術名】金絲手二。

【口令】二。

【動作】

身　稍向左轉。

步　右足不動；左足向右足後偷步，足尖向左前線。兩腿下彎，成坐盤式。

第一百二十三式

第一百二十四式

手　右拳擰轉，仰收貼肋；左手仍握右手頸。
眼　注視右前方。
【用法】
手　此承上式。將手扭轉向懷一帶，以期折傷敵之手腕。
第一百二十四式
【術名】平掌。
【口令】三。
【動作】
身　稍向右轉。
步　不動。

手　右拳稍向後收貼腰；左掌向前平直打出，四指相併朝上，大指屈，手心向前。

眼　注視前方。

【用法】

手　此承上式。隨將我之左掌突出，向敵面擊之。

第一百二十五式

【術名】護肩拳。

【口令】四。

【動作】

身　稍向左轉。

步　不動。

手　右手覆拳向前平直打出；左掌收回貼護右肩，四指朝上，手心

第一百二十五式

第一百二十六式

向外，肘屈胸前。

眼 注視右拳。

【用法】

手 此承上式。敵如以右手向我擊來。我將左拳格開其手，隨以右拳還擊之。

第九蹚　連環陰膛腿（手封四門速即進）

第三十三段

第一百二十六式

【術名】 踢潭腿一。

【口令】一。

【動作】

身　不動。

步　右腿原地向上伸，微屈；左足向前平直踢出。

手　右拳同時變掌向前平挑，四指斜朝上，手心向左，大指屈；左手仰掌收貼左腰。

眼　視前掌。

【用法】

手　敵如用左手向我中部擊來。我則將右掌挑之。

足　隨用左腿撩敵之陰。

第一百二十七式

【術名】踢潭腿二。

第一百二十七式

【口令】二。

【動作】

身 稍向右轉。

步 左腿落地，腿彎；右足向前平直踢出。

手 左掌同時向前平挑，四指斜朝上，手心向右；右掌收貼右腰，手心朝上。

眼 視右掌。

【用法】

手 敵如用右手向我中部擊來。我則將左掌挑之。

足 隨用右腿踢敵之陰。

第一百二十八式

【術名】 踢潭腿三。

【口令】 三。

【動作】

身 向右後轉。

步 左足原地隨摩；右足提起隨轉，落地，腿微屈；左足復提起向前平直踢出。

手 右拳同時變掌隨身向前上挑，四指斜朝上，手心向左，大指屈；左手隨身仰掌收貼左腰。

眼 視前掌。

第一百二十八式

第一百二十九式

【用法】

手　敵如用左手從我後面擊來。我則轉身將右掌挑之。

足　隨用左腿踢敵之陰。

第一百二十九式

【術名】踢潭腿四。

【口令】四。

【動作】

身　稍向右轉。

步　左足落地，腿微屈；右足向前平直踢出。

手　左掌同時向前平挑，四

指斜朝上，手心向右；右掌收貼右腰，手心朝上。

眼　視左掌。

【用法】

手　敵如用右手向我中部擊來。我則將左掌挑之。

足　隨用右腿踢敵之陰。

第三十四段

第一百三十式

【術名】踢潭腿五。

【口令】一。

【動作】

身　向右後轉。

第一百三十式

步 左足原地隨摩；右足提起隨轉，落地，腿微屈；左足復提起向前平直踢出。

手 右拳同時隨身變掌向前平挑，四指斜朝上，手心向左，大指屈；左手隨身仰掌收貼左腰。

眼 視前掌。

【用法】

手 敵如用左手從我後面擊來。我則轉身將右掌挑之。

足 隨用左腿撩敵之陰。

第一百三十一式

【術名】踢潭腿六。

【口令】二。

【動作】

身　稍向右轉。

步　左腿落地，腿彎；右足向前平直踢出。

手　左掌同時向前平挑，四指斜朝上，手心向右；右掌收貼右腰，手心朝上。

眼　視右掌。

【用法】

手　敵如用右手向我中部擊來。我則將左掌挑之。

足　隨用右腿踢敵之陰。

第一百三十一式

第一百三十二式

第一百三十二式

【術名】踢潭腿七。

【口令】三。

【動作】

身 向右轉，約九十度。

步 右足隨身往右落地，腿微屈；左足復提起向前平直踢出。

手 右掌同時向前平挑，四指斜朝上，手心向右；左掌收貼右腰，手心朝上。

眼 視右掌。

【用法】

手　敵如用左手向我中部擊來。我則將右掌挑之。

足　隨用右腿踢敵之陰。

第一百三十三式

【術名】踢潭腿八。

【口令】四。

【動作】

身　稍向右轉。

步　左足落地，腿微屈；右足向前平直踢出。

手　左掌同時向前平挑，四指斜朝上，大指屈，手心向右；右掌收貼左腰，手心朝上。

眼　視右掌。

第一百三十三式

第一百三十四式

【用法】

手　敵如用右手向我中門擊來。我則將左掌挑之。

足　隨用右足踢敵之陰。

第三十五段

第一百三十四式

【術名】踢潭腿九。

【口令】一。

【動作】

身　向右轉，約一百三十五度。

步 左足原地隨摩；右足提起隨轉，落地，腿微屈；左足復提起向前平直踢出。

手 右掌同時隨身向前平挑，四指斜朝上，手心向左，大指屈；左手隨身仰掌收貼左腰。

眼 視前掌。

【用法】

手 敵如用左手從我後面擊來。我則轉身將右掌挑之。

足 隨用左腿撩敵之陰。

第一百三十五式

【術名】踢潭腿十。

【口令】二。

第一百三十五式

【動作】

身　稍向右轉。

步　右足原地隨摩；左足提起隨轉，落地，腿微屈；右足復提起向前平直踢出。

手　左掌同時隨身向前平挑；右手隨身仰掌收貼右腰。

眼　視左掌。

【用法】

手　敵如用右手從我後面擊來。我則轉身將左掌挑之。

足　隨用右足踢其陰部。

第一百三十六式

【術名】踢潭腿十一。

【口令】三。

【動作】

身　向右後轉。

步　右足落地隨嚤；左足提起隨轉，落地，腿微屈；右足復提起向前平直踢出。

手　左掌同時隨身向前平挑；右掌隨身仰掌收貼右腰。

眼　視左掌。

【用法】

手　敵如用左手從我後面擊來。我則轉身將右掌挑之。

足　隨用右足踢其陰部。

第一百三十六式

第一百三十七式

第一百三十七式

【術名】踢潭腿十二。

【口令】四。

【動作】

身 向右轉。

步 右足隨身落地，腿微屈；左足提起向前平直踢出。

手 右掌同時隨身向前平挑，四指斜朝上，大指屈，手心向右；左掌收貼左腰，手心朝上。

眼 視右掌。

【用法】

手　敵如用左手從我右側擊來。我則轉身將右掌挑之。

足　隨用左足踢敵之陰。

第三十六段

第一百三十八式

【術名】金絲手一。

【口令】一。

【動作】

身　向右後轉。

步　左足落地；與右足隨摩，成右弓箭步。

手　右掌隨身變拳向前伸出，手心向下，虎口朝左；左掌隨身向右

第一百三十八式

第一百三十九式

手頸拍住，肘微屈。

眼 向前視。

【用法】

手 敵用右手擒我右手頸。我則用左手將敵手扣住。

第一百三十九式

【術名】 金絲手二。

【口令】 二。

【動作】

身 稍向左轉。

步 右足不動。左足向右足後偷步，足尖向左前線；兩腿下彎，成坐盤式。

手　右拳擰轉，仰收貼肋；左手仍握右手頸。

眼　注視右前方。

【用法】

手　此承上式。將手扭轉向懷一帶，以期折傷敵之手腕。

第一百四十式

【術名】平掌。

【口令】三。

【動作】

身　稍向右轉。

步　不動。

手　右拳稍向後收貼腰；左掌向前平直打出，四指相併朝上，大指

第一百四十式

第一百四十一式

屈，手心向前。

眼　注視前方。

【用法】

手　此承上式。隨將我之左掌突出，向敵面擊之。

第一百四十一式

【術名】護肩拳。

【口令】四。

【動作】

身　稍向左轉。

步　不動。

手　右手覆拳向前平直打

出；左掌收回貼護右肩，四指朝上，手心向外，肘屈胸前。

眼　注視右拳。

【用法】

手　此承上式。敵如以右手向我擊來。我將左掌格開其手，隨以右拳還擊之。

第十蹚　見潭不見潭（內用蓋馬三拳見空打）

第三十七段

第一百四十二式

【術名】抱拳。

【口令】一。

第一百四十二式

【動作】

身　不動。

步　左足向前上步，腿彎；右腿原地伸直，成左弓箭步。

手　左手同時向左足摟過握拳，與右拳相併，兩肘相靠，兩拳與心平，手心朝身，虎口朝外。

眼　向前平視。

【用法】

手　敵如用右足向我踢來。我則用左手將敵足摟開。

第一百四十三式

【術名】十字拳。

【口令】二。

【動作】

身　不動。

步　不動。

手　兩手同時成十字拳，手心向下；右拳向右打出；左拳向左打出。

眼　視右拳。

【用法】

手　此承上式。隨用右拳向敵心擊之。又或同時有敵從我後面來攻。我可將左拳還擊之。

第一百四十三式

第一百四十四式

第一百四十四式

【術名】拐肘。

【口令】三。

【動作】

身　不動。

步　不動。

手　右手仰拳向前拐肘；左拳不動。

眼　視右拳。

【用法】

手　敵如用左手迎門擊來。我則用右肘拐開。

第一百四十五式

【術名】崩腿。

【口令】四。

【動作】

身　不動。

步　左腿原地向上伸，微屈；右足向前平直踢出。

手　不動。

眼　向前平視。

【用法】

手　此承上式。隨將右腿踢敵陰部。

第一百四十五式

第一百四十六式

第三十八段

第一百四十六式

【術名】箭步腿。

【口令】一。

【動作】

身 不動。

步 右足落地，隨繃隨落；左足隨提起落地；右足復向前平直踢出。

手 左手同時向懷轉，隨轉向後方，手伸直，虎口朝上；右拳向右額上挑，拳心向外，虎口朝下，肘彎曲成半圓形。

眼　向前視。

【用法】

手　敵如用左拳迎面擊來。我則用右拳挑之。

足　隨用右足踢敵之心。

第一百四十七式

【術名】順步扎拳。

【口令】二。

【動作】

身　往前伏。

步　右足落地撲腿，腿向後成斜線；左腿原地屈。

手　右拳由右額向前下劈，近右足背，虎口朝上，手心向左；左拳

第一百四十七式

第一百四十八式

由胸向左後轉，高過頭，虎口朝上，手心向左後。

眼 視右拳。

【用法】

手 敵如用左足向我下部踢來。我則用右拳向敵足劈之。

第一百四十八式

【術名】 拗步扎拳。

【口令】 三。

【動作】

身 向右轉。

步 兩腿原地成右弓箭步。

手　兩手同時成十字拳，左拳向左扎出；右拳向右打出。

眼　視左拳。

【用法】

手　敵如用手向我中部擊來。我則將身向右閃過，隨用左拳向敵面部劈之；又或同時有敵從我後面來攻，我可將右拳還擊之。

第一百四十九式

【術名】順步扎拳。

【口令】四。

【動作】

身　向左轉，往下伏。

步　右足撲腿，腿向後成斜線；左腿原地屈。

手　右拳由後向前下劈，近右足背，虎口朝上，手心向左；左拳

第一百四十九式

第一百五十式

由胸向左後轉，高過頭，虎口朝上，手心向左後。

眼 視右拳。

【用法】

手 敵如用左足向我下部踢來。我則用右拳向敵足劈之。

第三十九段

第一百五十式

【術名】抱拳。

【口令】一。

【動作】

身　向右轉。

步　左足提起隨轉；右足隨摩，成右弓箭步。

手　右拳同時向右足摟過，隨向懷轉，與左拳相併，兩肘相靠，拳與心平，虎口朝外，手心朝身。

眼　向前視。

【用法】

手　敵如用左足向我踢來。我則用右手將敵足摟開。

第一百五十一式

【術名】十字拳。

【口令】二。

第一百五十一式

【動作】

身 不動。

步 不動。

手 兩手同時成十字拳，左拳向左；右拳向右。

眼 視左拳。

【用法】

手 此承上式。隨用左拳向敵心擊之。

又或同時有敵從我後面來攻。我可將右拳還擊之。

第一百五十二式

【術名】拐肘。

【口令】三。

【動作】

身　不動。

步　不動。

手　左手仰掌向前拐肘；右拳不動。

眼　視左拳。

【用法】

手　敵如用右手迎門擊來。我則用左肘拐開。

第一百五十三式

【術名】崩腿。

第一百五十二式

第一百五十三式

【口令】四。

【動作】

身　不動。

步　右腿原地向上伸，微屈；左足向前平直踢出。

手　不動。

眼　向前視。

【用法】

手　此承上式。隨將左腿踢敵陰部。

第四十段

第一百五十四式

【術名】箭步腿。

【口令】一。

【動作】

身 不動。

步 左足落地，隨綳隨落；右足隨提起落地；左足復向前平直踢出。

手 右手同時向懷轉，隨轉向後方；左拳向左額上挑，拳心向外，虎口朝下，肘彎曲成半圓形。

眼 向前視。

第一百五十四式

第一百五十五式

【用法】

手　敵如用右拳迎面擊來。我則用左拳挑之，隨用左足踢敵之心。

第一百五十五式

【術名】順步扎拳。

【口令】二。

【動作】

身　向前伏。

步　左足落地撲腿，腿向後成斜線；右腿原地屈。

手　左拳由左額向下劈，近

左足背，虎口朝上，手心向右；右拳由胸向右後轉，高過頭，虎口朝上，手心向右。

眼　視左拳。

【用法】

手　敵如用右足向我下部踢來。我則用左拳向敵足劈之。

第一百五十六式

【術名】十字拳。

【口令】三。

【動作】

身　向左轉。

步　兩腿原地成左弓箭步。

手　兩手同時成十字拳，右拳向右扎出；左拳向左打出。

第一百五十六式

第一百五十七式

眼　視右拳。

【用法】

手　敵如用手向我中部擊來。我則將身向左閃過，隨用右拳向敵面部劈之。

又或同時有敵從我後面來攻。我可將左拳還擊之。

第一百五十七式

【術名】順步扎拳。

【口令】四。

【動作】

身　稍向左轉，往前伏。

步　左足撲腿，腿向後成斜線；右腿原地屈。

手　左拳由後向前下劈，近左足背，虎口朝上，手心向右；右拳由胸向右後轉，高過頭，虎口朝上，手心向右。

眼　視左拳。

【用法】

手　敵如用右足向我下部踢來。我則用左拳向敵足劈之。

第四十一段

第一百五十八式

【術名】抱拳。

【口令】一。

第一百五十八式

【動作】

身 向左轉。

步 左足提起隨轉落地，腿彎；右足原地隨摩，腿直，成左弓箭步。

手 左手同時向左足摟過握拳與右拳相併，兩肘相靠，兩拳與心平，手心朝身，虎口朝外。

眼 向前平視。

【用法】

手 敵如用右足向我踢來。我則用左手將敵足摟開。

第一百五十九式

【術名】十字拳。

【口令】二。

【動作】

身　不動。

步　不動。

手　兩手同時成十字拳，手心向下，右拳向右打出；左拳向左打出。

眼　視右拳。

【用法】

手　此承上式。隨用右拳向敵心擊之。

又或同時有敵從我後面來攻。我可將左拳還擊之。

第一百六十式

第一百五十九式

第一百六十式

【術名】拐肘。

【口令】三。

【動作】

身　不動。

步　不動。

手　右手仰拳向前拐肘；左拳不動。

眼　視右拳。

【用法】

手　敵如用左手迎門擊來。我則用右肘拐開。

第一百六十一式

【術名】崩腿。

【口令】四。

【動作】

身　不動

步　左腿原地向上伸，微屈；右足向前平直踢出。

手　不動。

眼　向前平視。

【用法】

足　此承上式。隨將右腿踢敵陰部。

第一百六十一式

第一百六十二式

第四十二段

第一百六十二式

【術名】 金絲手一。

【口令】 一。

【動作】

身 向右後轉。

步 左腿原地隨摩，腿直；右足向前落地，腿彎，成右弓箭步。

手 右拳隨身向前伸出，手心向下，虎口朝左；左拳隨身變掌向右手頸拍住，肘微屈。

眼 向前視。

【用法】

手 敵用右手擒我右手頸。我則用左手將敵手扣住。

第一百六十三式

【術名】金絲手二。

【口令】二。

【動作】

身 稍向左轉。

步 右足不動。左足向右足後偷步，足尖向左前線，兩腿下彎，成坐盤式。

手 右拳擰轉，仰收貼肋；左手仍握右手頸。

第一百六十三式

第一百六十四式

眼　注視右前方。

【用法】

手　此承上式。將手扭轉向懷一帶，以期折傷敵之手腕。

第一百六十四式

【術名】平掌。

【口令】三。

【動作】

身　稍向右轉。

步　不動。

手　右拳稍向後收貼腰；左掌向前平直打出，四指相併朝上，大指屈，手心向前。

眼 注視前方。

手 此承上式。隨將我之左掌突出，向敵面擊之。

【用法】

第一百六十五式

【術名】 護肩拳。

【口令】 四。

【動作】

身 稍向左轉。

步 不動。

手 右手覆拳向前平直打出；左掌收回貼護右肩，四指朝上，手心向外，肘屈胸前。

第一百六十五式

第一百六十六式

眼　注視右拳。

【用法】

手　此承上式。敵如以右手向我擊來。我將左掌格開其手，隨以右拳還擊之。

第十一蹚　鉤掛連環掃膛腿

（外帶金絞剪不虛傳）

第四十三段

第一百六十六式

【術名】摟手。

【口令】一。

【動作】
身　往前伏。
步　左足往前上步，腿直，向後斜；右腿原地往後坐。
手　左手向左足背上摟，止於足背；右手握拳貼右腰間，手心朝上，肘屈。
眼　向前視。
【用法】
手　敵如用右足向我下部擊來。我則將右手摟開。

第一百六十七式

【術名】拗步拳。
【口令】二。

第一百六十七式

第一百六十八式

【動作】

身　向上提起。

步　兩足原地成左弓箭步。

手　左手同時一摟，變拳收貼左腰，手心朝上，肘屈；右手覆拳向前平直打出，虎口朝右。

眼　視右拳。

【用法】

手　此承上式。隨用右拳向敵心擊之。

第一百六十八式

【術名】低踢腿一。

【口令】三。

【動作】

身 向右轉。

步 左足原地不動；右足伸直挨地向前踢出。

手 兩手同時摟肘向右後帶，左手握拳在前，手心朝上；右手握拳在後，手心朝下；兩肘屈。

眼 視左拳。

【用法】

此係手足同時並進，上擒下攻之法。

手 如敵用右手從我中門擊來。我則將身向右閃過，左手隨抓敵之肘，右手隨抓敵之腕。

此上擒法。

足 同時右足踢敵之右足。

此下攻法。

第一百六十九式

【術名】 低踢腿二。

【口令】 四。

【動作】

身 稍向左轉。

步 右足落地，腿彎；左腿伸直向前踢出。

手 兩手同時摟肘向左後帶；右手握拳在前，手心朝上；左手握拳在後，手心朝下；兩肘屈。

眼 視右拳。

第一百六十九式

【用法】

此亦係手足同時並進，上擒下攻之法。

手 如敵用左手從我中門擊來。我則將身向左閃過，右手隨抓敵之肘，左手隨抓敵之腕。

此上擒法。

足 同時左足踢敵之左足。

此下攻法。

第四十四段

第一百七十式

【術名】低踢腿一。

【口令】一。

第一百七十式

【動作】

身 向右轉。

步 左足原地不動；右足伸直挨地向前踢出。

手 兩手同時摟肘向右後帶，左手握拳在前，手心朝上；右手握拳在後，手心朝下；兩肘屈。

眼 視左拳。

【用法】

此係手足同時並進，上擒下攻之法。

手 如敵用右手從我中門擊來。我則將身向右閃過，左手隨抓敵之

第一百七十一式

肘，右手隨抓敵之腕。

此上擒法。

足　同時右足踢敵之右足。

此下攻法。

第一百七十一式

【術名】低踢腿二。

【口令】二。

【動作】

身　稍向左轉。

步　右足落地，腿彎；左腿伸直向前踢出。

手　兩手同時摟肘向左後

帶，右手握拳在前，手心朝上；左手握拳在後，手心朝下；兩肘屈。

眼 視右拳。

【用法】

此亦係手足同時並進，上擒下攻之法。

手 如敵用左手從我中門擊來。我則將身向左閃過，右手隨抓敵之肘，左手隨抓敵之腕。

此上擒法。

足 同時左足踢敵之左足。

此下攻法。

第一百七十二式

【術名】 低踢腿三。

【口令】 三。

【動作】

身 向右轉。

步 左足原地不動；右足伸直挨地向前踢出。

手 兩手同時摟肘向右後帶，左手握拳在前，手心朝上；右手握拳在後，手心朝下；兩肘屈。

眼 視左拳。

【用法】

此係手足同時並進，上擒下攻之法。

手 如敵用右手從我中門擊來。我則將身向右閃過，左手隨抓敵之肘，右手隨抓敵之腕。

此上擒法。

足 同時右足踢敵之右足。

第一百七十二式

第一百七十三式

此下攻法。

第一百七十三式

【術名】低踢腿四。

【口令】四。

【動作】

身 稍向左轉。

步 右足落地，腿彎；左腿伸直向前踢出。

手 兩手同時摟肘向左後帶，右手握拳在前，手心朝上；左手握拳在後，手心朝下；兩肘屈。

眼 視右拳。

【用法】

此亦係手足同時並進，上擒下攻之法。

手 如敵用左手從我中門擊來。我則將身向左閃過，右手隨抓敵之肘，左手隨抓敵之腕。

此上擒法。

足 同時左足踢敵之左足。

此下攻法。

第四十五段

第一百七十四式

【術名】 金絲手一。

第一百七十四式

【口令】一。

【動作】

身 向右後轉。

步 右足原地隨摩，腿屈；左足落地隨摩，成右弓箭步。

手 右拳隨身向前伸出，手心向下，虎口朝左；左手覆拳，向右手頸拍住，肘微屈。

眼 向前視。

【用法】

手 敵用右手擒我右手頸。我則用左手將敵手扣住。

第一百七十五式

【術名】金絲手二。

【口令】二。

【動作】

身　稍向左轉。

步　右足不動。

左足向右後偷步，足尖向左前線；兩腿下彎，成坐盤式。

手　右手擰轉，仰收貼肋；左手仍握右手頸。

眼　注視右前方。

【用法】

手　此承上式。將手扭轉向懷一帶，以期折傷敵之手腕。

第一百七十五式

第一百七十六式

第一百七十六式

【術名】平掌。

【口令】三。

【動作】

身　稍向右轉。

步　不動。

手　右拳稍向後收貼腰；左掌向前平直打出，四指相併朝上，大指屈，手心向前。

眼　注視前方。

【用法】

手　此承上式。隨將我之左

掌突出，向敵面擊之。

第一百七十七式

【術名】護肩拳。

【口令】四。

【動作】

身　稍向左轉。

步　不動。

手　右手覆拳向前平直打出；左掌收回貼護右肩，四指朝上，手心向外，肘屈胸前。

眼　注視右拳。

【用法】

手　此承上式。敵如以右手向我擊來。我將左掌格開其手，隨以右

第一百七十七式

第一百七十八式

拳還擊之。

第十二蹚　犀牛望月轉回還

（用時鈎擄碰打帶兩拳）

第四十六段

第一百七十八式

【術名】抱肘。

【口令】一。

【動作】

身　稍向右轉。

步　左足上步撲腿；右腿彎下。

手　左手隨向左足上摟，握拳收貼左腰；右拳收貼右腰；兩拳心朝上。

步　兩腿隨原地成左弓箭步。

眼　向前視。

【用法】

手　敵如用右足向我下部踢來。我則用左手向下摟之。

第一百七十九式

【術名】拗步拳。

【口令】二。

【動作】

身　向左後轉。

步　右足提起隨轉，落地；左足原地隨摩，仍成左弓箭步。

第一百七十九式

第一百八十式

手　右手同時覆拳向前平直打出；左拳不動。

眼　視右拳。

【用法】

手　敵如從我後面擊來。我則將身向左閃過，轉身以右拳向敵心擊之。

第一百八十式

【術名】順步拳。

【口令】三。

【動作】

身　稍向右轉。

步　不動。

手　右手仰拳收貼右腰；左手覆拳向前平直打出。

眼　視左拳。

【用法】

手　此承上式。隨用左拳向敵心擊之。

係用連擊之法。

第四十七段

第一百八十一式

【術名】抱肘。

【口令】一。

【動作】

第一百八十一式

身 向左轉，約四十五度。

步 兩足原地隨摩，右足撲地；左腿彎下。

手 右手向右足背上摟，隨握拳收貼右腰，手心朝上；左手仰拳收貼左腰。

步 兩腿隨原地成右弓箭步。

眼 向前視。

【用法】

手 敵如用左足向我下部踢來。我則用右手向下摟之。

第一百八十二式

第一百八十二式

【術名】 拗步拳。

【口令】 二。

【動作】

身 向右後轉。

步 左足提起，隨轉隨落；右足原地隨擰，成右弓箭步。

手 左手同時覆拳向前平直打出；右拳不動。

眼 視左拳。

【用法】

手 敵如從我後面擊來。我

第一百八十三式

則將身向右閃過，轉身以左拳向敵心擊之。

第一百八十三式

【術名】順步拳。

【口令】三。

【動作】

身 稍向左轉。

步 不動。

手 左手仰拳收貼左腰；右手覆拳向前平直打出。

眼 視右拳。

【用法】

手 此承上式。隨用右拳向敵心擊之。

係用連擊之法。

第四十八段

第一百八十四式

【術名】抱肘。

【口令】一。

【動作】

身 稍向右轉。

步 左足上步撲腿；右腿彎下。

手 左手隨向左足上摟，握拳收貼左腰；右拳收貼右腰；兩拳心朝

第一百八十四式

第一百八十五式

上。

步 兩腿隨原地成左弓箭步。

眼 向前視。

【用法】

手 敵如用右足向我下部踢來。我則用左手向下摟之。

第一百八十五式

【術名】拗步拳。

【口令】二。

【動作】

身 向左後轉。

步　右足提起隨轉，落地；左足原地隨摩，仍成左弓箭步。

手　右手同時覆拳向前平直打出；左拳不動。

眼　視右拳。

【用法】

手　敵如從我後面擊來。我則將身向左閃過，轉身以右拳向敵心擊之。

第一百八十六式

【術名】順步拳。

【口令】三。

【動作】

身　稍向右轉。

步　不動。

第一百八十六式

第一百八十七式

手　右手仰拳收貼右腰；左手覆拳向前平直打出。

眼　視左拳。

【用法】

手　此承上式。隨用左拳向敵心擊之。

係用連擊之法。

第四十九段

第一百八十七式

【術名】雙撞拳。

【口令】一。

【動作】

身　向左轉，往右傾。

步　右足隨向右上步；左足尖稍向左摩，腿伸直，成左弓箭步。

手　兩拳同時向右打出，右拳與肩平；左拳在上，高過頭；兩虎口相對。

眼　向右視。

【用法】

手　敵如用手向我中門擊來。我則將身向左閃過，隨用雙拳向敵心擊之。

第一百八十八式

【術名】雙栽拳。

【口令】二。

第一百八十八式

【動作】

身　轉正面，稍向前傾。

步　兩腿原地成騎馬式。

手　雙拳同時向下打，虎口相對，距離約兩拳許。

眼　向下視拳。

【用法】

手　敵方以腿向我中門踢來。我用雙拳往下擊之。

——（完）——

中華民國二十二年五月初版

六合潭腿圖說（全一冊）

本書實價大洋（外埠酌加郵費匯費）

鑒定者　中央國藝館張之江

著者　呂光華　朱國福

發行人　沈駿聲　上海北福建路三三一號

印刷所　大東書局　上海北福建路三三一號

總發行所　大東書局　上海四馬路九九號

分發行所　大東書局

南京　漢口　資州　北平　徐州　開封　梧州　重慶　常州　汕頭　南昌　雲南　杭州　長沙　廈門　濟南　天津　遼寧　哈爾濱　新加坡

歡迎至本公司購買書籍

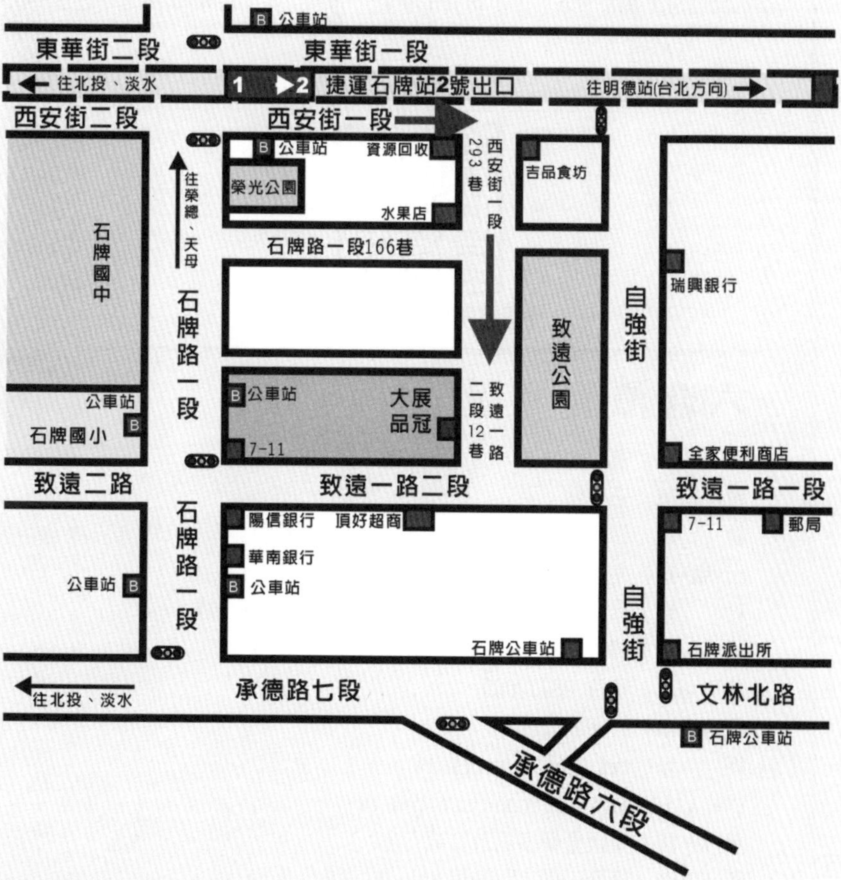

建議路線

1.搭乘捷運．公車

淡水線石牌站下車，由石牌捷運站２號出口出站(出站後靠右邊)，沿著捷運高架往台北方向走(往明德站方向)，其街名為西安街，約走100公尺(勿超過紅綠燈)，由西安街一段293巷進來(巷口有一公車站牌，站名為自強街口)，本公司位於致遠公園對面。搭公車者請於石牌站(石牌派出所)下車，走進自強街，遇致遠路口左轉，右手邊第一條巷子即為本社位置。

2.自行開車或騎車

由承德路接石牌路，看到陽信銀行右轉，此條即為致遠一路二段，在遇到自強街(紅綠燈)前的巷子(致遠公園)左轉，即可看到本公司招牌。

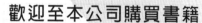

國家圖書館出版品預行編目資料

六合潭腿圖說／朱國福　呂光華　著
——初版——臺北市，大展，2014[民103.12]
面；21公分——（老拳譜新編；21）
ISBN 978-986-346-048-0（平裝）
1.武術 2.中國
528.97　　103020102

六合潭腿圖說

著　　者／朱國福、呂光華
責任編輯／王躍平
發 行 人／蔡森明
出 版 者／大展出版社有限公司
社　　址／台北市北投區（石牌）致遠一路2段12巷1號
電　　話／(02) 28236031・28236033・28233123
傳　　真／(02) 28272069
郵政劃撥／01669551
網　　址／www.dah-jaan.com.tw
E-mail／service@dah-jaan.com.tw
登 記 證／局版臺業字第2171號
承 印 者／傳興印刷有限公司
裝　　訂／承安裝訂有限公司
排 版 者／千兵企業有限公司
授 權 者／山西科學技術出版社
初版1刷／2014年（民103年）12月

定　價／230元

大展好書　好書大展
品嘗好書　冠群可期

大展好書　好書大展
品嘗好書　冠群可期